세계 명절 세계 축제

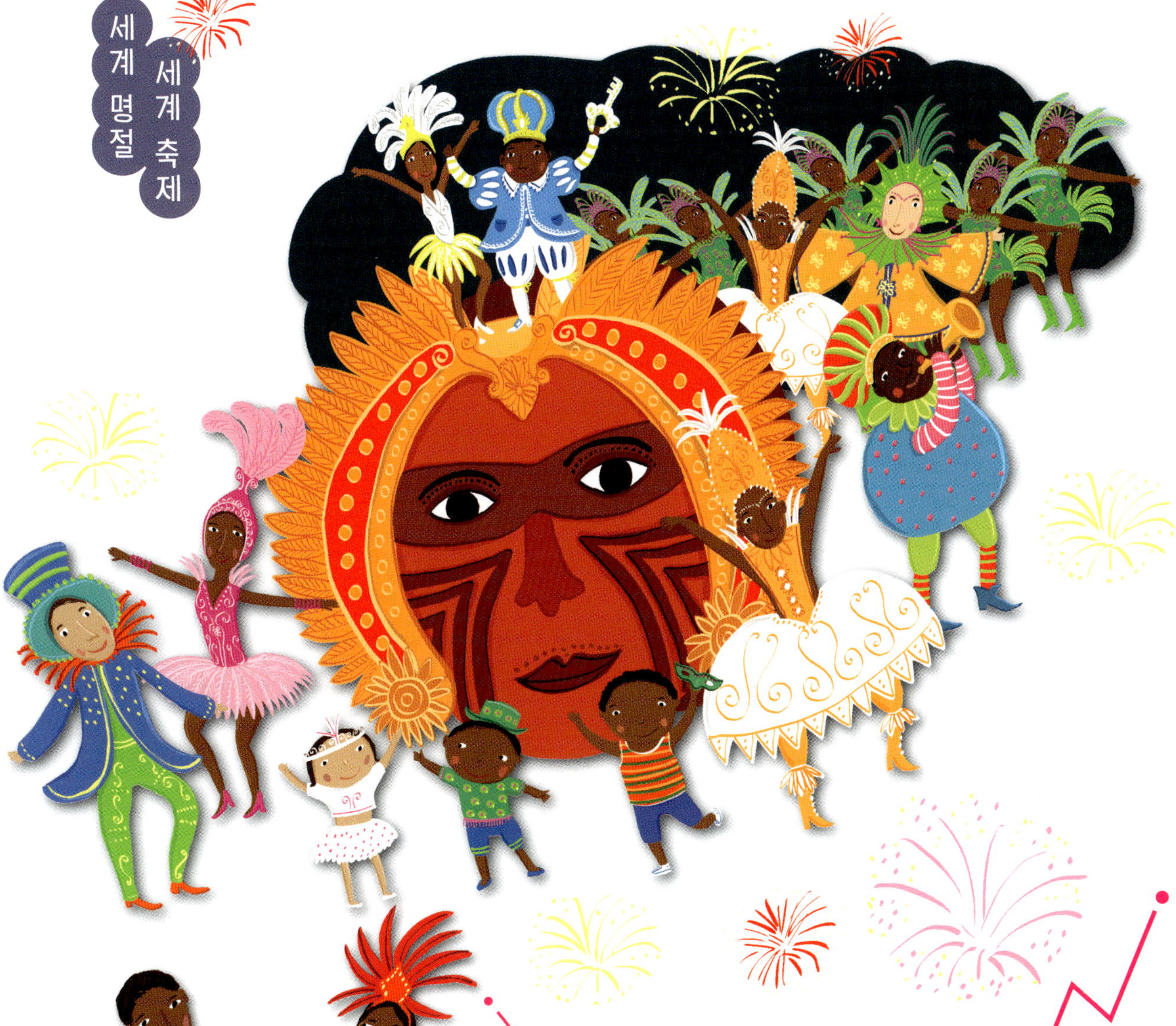

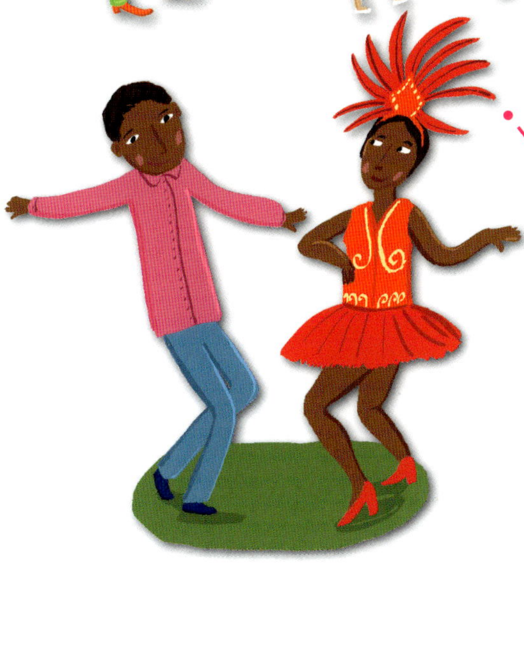

우리는 기쁠 때
삼바 춤을 춰

파블라 하나치코바, 헬레나 하라슈토바 글 / 미카엘라 베르마노바 그림 / 최현경 옮김

풀빛

우리는 왜 명절과 축제를 즐길까?

모든 나라에는 그 나라 사람들에게 의미가 깊은 사건을 축하하고 기리는 날이 있어요. 대부분 해마다 같은 시기에 규칙적으로 기념하지요. 이런 날을 명절이라고 해요. 종교나 역사적 사건에서 비롯된 날도 있고, 자연의 변화와 상관있는 날도 있어요. 명절이 오면 사람들은 다양한 축제를 열고 의식을 치러요. 천 년이 넘게 이어져 온 명절도 많지요! 우리는 의미 있는 사건을 잊지 않고, 사랑하는 사람들과 행복한 시간을 보내기 위해 명절과 축제를 온 마음을 다해 즐겨요.

같이 삼바 춤을 추자!

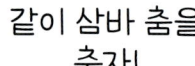

즐거운 핼러윈!

인도 축제 디왈리를 소개할게!

명절은 무엇을 기념하는 날일까?

명절에 축제를 여는 데는 여러 가지 이유가 있어요. 어떤 명절은 종교가 발전하면서 중요한 전환점이 되었던 역사적 사건을 기려요. 예를 들어 유대인의 명절인 하누카는 기원전 2세기에 유대인이 적을 물리치고 승리한 일을 기념하는 명절이고, 싱가포르의 명절인 베삭은 부처의 삶에서 중요한 세 가지 사건을 기리는 날이에요. 또 부활절은 전 세계 기독교인이 예수의 부활을 기념하는 날이지요. 자연의 변화와 관련이 있는 명절도 있어요. 예를 들어 페루의 인티 라이미는 남반구의 동짓날 이루어지는 축제로, 낮이 짧고 밤이 긴 시기가 끝나는 날을 기념해요. 이렇듯 명절과 축제를 즐기는 방식은 저마다 다양하지만, 몇 가지 뚜렷한 공통점이 있어요. 사랑하는 사람들과 함께 시간을 보내고, 재미난 놀이와 맛있는 음식을 맘껏 즐기고, 전통을 지키려고 노력한다는 거예요.

해골이 좀 귀엽지?

명절과 축제는 얼마나 오래됐을까?

아주 먼 옛날부터 사람들은 명절과 축제를 즐겨 왔어요. 뚜렷한 기원이 무엇인지 기록을 찾기 어려울 만큼 오래된 명절과 축제도 있지요. 오랜 옛날에 명절은 봄이 오는 것을 알리는 계절 변화, 추수를 비롯한 농사일, 중요한 인물의 탄생을 축하하는 등의 종교 의식, 또는 조상들의 삶에서 중요한 사건을 기념하면서 생겨났을 거예요. 어떤 명절 의식과 전통은 시간이 흐르면서 조금씩 모습이 달라졌어요. 또 어떤 것들은 오늘날까지 그대로 전해 내려오기도 하고요. 아마 여러분도 대대로 전해 내려오는 전통을 따르고 있을 거예요.

페루의 태양 축제 인티 라이미!

히나 인형 처음 보지?

이건 메노라 촛대야!

명절과 축제를 어떻게 즐길까?

종교와 관련된 명절은 전 세계 어디서나 비슷한 모습을 띠는 경우가 많아요. 그런가 하면 사실상 똑같은 것을 기념하면서도, 나라마다 그 방식이 엄청나게 차이 나는 명절도 있지요. 각 나라에서 해당 사건을 어떻게 바라보느냐에 따라 명절을 기념하는 방식이 달라지는 거예요. 예를 들어 유럽에서는 '죽은 자들의 날'이 돌아가신 분들을 위해 경건하게 기도하는 날이지만, 멕시코에서는 알록달록 화려한 색깔이 넘쳐 나는 즐거운 날이에요. 삶과 죽음을 대하는 태도가 다른 거지요. 자, 그럼 이제 세계 여러 나라로 여행을 떠나요! 다른 나라 친구들은 어떤 명절과 축제를 즐기는지 함께 알아봐요!

싱가포르의 석가 탄신일!

에티오피아의 주현절, 팀카트

멜캄 팀카트! 즐거운 팀카트 날이야. 난 에티오피아에 사는 **딜라**라고 해. 팀카트 축제는 해마다 1월에 에티오피아 곳곳에서 열려. 주현절, 그러니까 예수가 요르단강에서 세례 받은 날을 기념하는 축제지. 에티오피아는 약 1,700년 전에 세계에서 두 번째로 기독교를 받아들인 오래된 기독교 국가야. 지금도 국민 절반 가까이가 '에티오피아 정교회'라는 기독교를 믿어.

9 특별한 모양의 십자가

에티오피아에는 아주 오래된 기독교인 에티오피아 정교회가 있어. 전 세계 어디서도 찾아볼 수 없는 독특한 종교 전통이 전해 내려오고 있지. 십자가도 에티오피아만의 독특한 모양으로 되어 있어.

1 맛있는 커피

에티오피아는 커피의 원산지 중 하나야. 에티오피아 커피는 지금도 무척 인기가 많아. 손잡이 없는 작고 알록달록한 컵에 커피를 담아서 마시면 더욱 맛이 좋대.

2 타보트를 머리에 인 신부님

팀카트 축제 행진은 신부님이 화려한 비단으로 감싼 '타보트'를 머리에 이고 축제 장소로 가져가면서 시작돼. 타보트는 '계약의 궤'를 본뜬 모형이야. 계약의 궤는 예수의 뜻을 담은 성스러운 상자야. 신부님은 우리 모두에게 가장 존경받는 분이야. 그래서 카펫 위를 가장 먼저 걷고, 보좌 신부님이 옆에서 양산을 받쳐 줘.

내가 바로 딜라야.

3 강가에서 밤새 즐기자!

행진은 강가에 있는 축제 장소에 도착해서야 끝이 나. 이곳에서 우리는 경건하게 기도를 드리고, 예수의 세례를 되새기며 물을 뿌리거나 물속에 들어가기도 해. 축제 전날 밤에는 온 가족이 강가에서 등불을 밝히고 밤을 지새우기도 하지. 팀카트 축제에서 내가 가장 좋아하는 행사야.

8 신나는 축제 음악

팀카트 축제 행진은 누구에게나 잊지 못할 경험이야. 그래서 가능한 모든 사람이 행진에 참여하지. 세계 곳곳에서 온 순례자들과 드럼과 종, 피리 같은 아프리카 전통 악기 연주자들이 함께해서 더욱 신나는 분위기가 만들어져.

7 세계적으로 유명한 축제

팀카트는 세계적으로도 아주 독특한 축제로 널리 알려져 있어. 축제가 시작되면 전 세계에서 수많은 사람이 에티오피아로 몰려와 행진을 구경하며 함께 즐기지. 너도 함께할래?

6 명절 음식을 즐기자!

팀카트 기간에 우리 가족은 한자리에 모여 함께 맛있는 명절 음식을 먹어. 주로 '워트'라는 에티오피아 전통 스튜에 '은저라'라는 빵을 곁들여 먹지.

5 대천사 미카엘

축제 분위기가 최고조에 이르는 셋째 날은 대천사 미카엘에게 바치는 날이야. 미카엘은 성경에 나오는 일곱 천사 중 하나로, 에티오피아에서 존경받지.

알록달록한 양산

에티오피아 커피

타보트를 머리에 인 신부님

4 새하얀 전통 의상

팀카트는 에티오피아에서 1년 중 가장 중요한 행사야. 그래서 우리는 좋은 옷을 마련해서 한껏 차려입어. 위아래가 온통 새하얀 전통 의상을 가장 많이 입지. 아름다운 장식을 수놓거나 화려한 띠를 둘러 멋을 내기도 하고 말이야. 여자들은 머리나 어깨에 하얀 스카프를 둘러.

브라질의 사육제, 리우 카니발

올라! 안녕. 난 브라질에 사는 **미게우**야. 내가 사는 도시 리우데자네이루는 사육제, 즉 리우 카니발로 유명해. 카니발은 해마다 사순절을 앞두고 열리지. 사순절은 부활절 전 40일 동안의 기간을 말해. 나는 카니발을 아주 좋아해. 왜냐고? 수많은 사람과 온갖 화려한 색깔과 소리 그리고 아메리카 원주민과 유럽, 아프리카 이주민의 전통이 다양하게 뒤섞여 있기 때문이야. 고개를 돌려 바라보는 곳마다 열정과 행복이 넘쳐 나!

9 카니발의 진짜 뜻

카니발은 '사육제'라고도 하는데, 라틴어로 '고기를 먹지 않는다.'라는 뜻이야. 기독교 문화에서는 예로부터 사순절 40일 동안 고기 없이 간단한 식사만 하면서 경건하게 보냈어. 그래서 사순절이 시작되기 전에 실컷 먹고 즐겁게 노는 축제를 벌였고, 그게 오늘날 카니발로 이어진 거야.

1 형형색색의 가면과 의상

어마어마하게 다양한 가면과 화려한 의상이 빠진 카니발은 상상할 수 없어! 사람들은 저마다 특별한 의상을 차려입고 형형색색으로 화장을 하지. 깃털로 만든 옷을 입기도 하고, 브라질 원주민들 특유의 무늬로 장식하기도 해.

2 귀를 즐겁게 만드는 길거리 악단

카니발에 가면 관중들은 눈뿐만 아니라 귀도 무척 바빠져. 수많은 악단이 거리를 행진하며 연주하거든. 트럼펫이나 호른 같은 금관 악기를 연주하는 브라스 밴드가 가장 많아.

아름다운 의상

3 모모왕과 카니발 여왕

축제는 카니발을 대표하는 모모왕과 카니발 여왕이 이끌어. 카니발 첫째 날에 시장님이 모모왕 역할을 맡은 덩치 큰 배우에게 도시의 상징인 커다란 열쇠를 건네주면 축제가 시작돼.

8 불꽃 튀는 삼바 경연 대회

카니발 축제에는 어린이 삼바 무용단 경연 대회도 있어. 난 내년에 이 대회에 참가할 거야. 지금부터 열심히 연습해야지!

7 바닷가에서 즐기는 파티

카니발 축제가 끝나고 나면 우리는 바닷가로 가서 계속 이야기를 나누고 춤을 춰. 친구들과 함께 어울리면서 환상적인 불꽃놀이를 구경하지.

6 삼바 삼바!

카니발 축제 행진 때는 삼바 춤을 추는 전통이 있어. 삼바는 찬란한 햇빛과 세상을 아름답게 보는 태도와 삶의 기쁨을 담은 라틴 아메리카 전통 춤이야.

삼바 무용수

5 삼바 학교 학생들, 출동!

리우데자네이루 거리에서는 평소에도 사람들이 삼바 춤을 춰. 여기에 카니발 축제까지 시작되면 여러 삼바 학교 학생들이 거리로 나와서 열띤 경쟁을 벌이지. 그동안 삼바 학교에서 갈고닦은 춤 실력을 수천 명의 관중 앞에서 선보일 기회니까. 전문가나 유명한 무용수뿐만 아니라, 아직 실력이 부족한 사람들도 모두 나와서 신나게 춤을 춰.

4 화려하게 장식된 축제 차

여기 아름답게 장식된 차가 보이지? 바로 카니발 축제의 꽃인 축제 차야. 기발한 모양으로 꾸민 이 차는 자동차나 사람들이 힘으로 끄는 수레로 만들어. 화려한 옷을 입은 무용수들이 축제 차 위에 서서 멋진 자세를 뽐내곤 하지.

내 이름은 미게우야.

일본의 여자아이의 날, 히나마쓰리

곤니치와! 안녕! 난 일본에 사는 **사키**라고 해.
일본에서 3월 3일은 여자아이의 날이자
히나 인형의 날인 히나마쓰리야. 히나마쓰리에는
온 가족이 여자아이의 건강과 행복을 빌며 기도를 올려.
남자아이는 왜 빼놓느냐고? 5월 5일에
남자아이의 날 '단고노셋쿠'가 따로 있거든.

9. 찹쌀떡과 쌀과자
히나마쓰리에는 찹쌀떡과 '히나아라레'라는 알록달록한 쌀과자를 먹는 전통도 있어.

1. 여자아이를 위한 명절
의학 기술이 부족했던 옛날에는 아기 때 병에 걸려 죽는 경우가 많았대. 그래서 3월 3일 삼짇날에 온 가족이 함께 집안에 나쁜 기운이 들어오지 않고, 아이들이 건강히 자라게 해 달라는 기도를 올리는 전통이 생겨났지. 오늘날 이 전통은 사랑하는 가족과 함께 예쁜 인형을 가지고 놀고 맛있는 음식을 즐기는 히나마쓰리 명절로 자리 잡았어.

2. 붉은 제단 위의 인형
히나마쓰리가 다가오면 우리는 붉은 천으로 덮인 여러 층의 제단 위에 갖가지 인형을 전시해. 층마다 각각 천황 부부, 궁녀, 악사, 궁정 대신과 무사 등을 나타내는 인형을 놓지. 제단은 2단에서 7단까지 다양해. 어느 인형을 어느 위치에 놓는지, 정해진 인형 말고 다른 어떤 인형을 대신 놓을 수 있는지 등 엄격하게 정해진 규칙이 있어.

벚꽃

내 이름은 사키야.

3. 부모님과 함께 즐기는 날
히나마쓰리에 우리는 부모님과 함께 신사에 방문해. 신사란 신을 모시는 집이야. 그곳에서 부모님은 우리의 복을 빌고, 우리에게 선물을 주지.

8 어른들이 마시는 시로사케

어른들은 히나마쓰리에 쌀을 발효시켜 만든 '시로사케'라는 술을 마시는 전통이 있어.

7 황금 병풍은 필수!

제단 맨 위에 놓인 천황 부부 인형 뒤에는 황실을 상징하는 황금 병풍이 꼭 위치해 있어. 천황은 손에 '홀'이라는 기다란 물건을 들고, 황후는 부채를 쥐고 있지. 천황 부부 양옆에는 작은 등을 두고, 둘 사이에는 화병 두 개를 놓아야 해.

6 맛있는 대합탕

히나마쓰리에는 큼직한 조개 대합을 넣고 끓인 대합탕을 즐겨 먹어. 짭조름한 맛이 아주 좋아. 왜 하필 대합탕이냐고? 한 쌍의 껍데기가 딱 들어맞는 조개가 행복한 부부를 상징하거든.

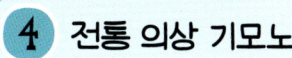

일본 전통 음식

5 종이 인형을 물에 띄우자!

일본 어느 지역에는 종이 인형을 물에 띄워 흘려보내는 의식이 전해 내려와. 옛날 사람들은 히나 인형을 종이로 만들어 물에 흘려보내면 나쁜 기운이나 질병, 불운이 함께 떠내려간다고 믿었대.

4 전통 의상 기모노

기모노는 일본의 전통 의상으로, 주로 여자들이 입지만 가끔 남자들도 입어. 기모노를 인형에게 입히기도 하고 우리가 직접 입기도 하지. 각자 좋아하는 무늬와 색상을 고를 수 있도록, 셀 수 없이 다양한 무늬와 색상의 기모노가 있어.

이스라엘의 부림절, 푸림

하그 푸림 사메아흐! 행복한 부림절이야! 나는 이스라엘에 사는 **아론**이야. 지금 난 오랜 옛날 페르시아에 살았던 용감한 유대인 모르드개처럼 입었어. 모르드개는 사촌 동생인 에스더 왕비와 힘을 합쳐서 유대인들을 죽이려던 신하 하만을 물리쳤다고 해. 부림절은 바로 이 사건을 기리는 날이지. 이스라엘 명절 가운데 가장 유쾌하고 신나는 날이야!

10 시너고그로 모여라!
유대인들은 평소에도 시너고그에 정기적으로 모여. 부림절이 되면 시너고그에서 에스더서를 큰 소리로 낭독하지. 유대인이라면 부림절에 이 낭독을 두 번은 들어야 해.

1 하만의 귀는 달콤해!
부림절에 하만의 귀가 빠질 수 없지. 물론 진짜 귀는 아니고, 귀처럼 세모 모양으로 생긴 달콤한 파이를 말해. 우리는 하만의 귀 파이를 먹으며 명절을 즐겨.

2 부림절 바구니
어린이들은 갖가지 음식과 음료와 사탕으로 가득 찬 바구니를 친구들에게 선물하곤 해. 여자아이는 여자아이에게, 남자아이는 남자아이에게 선물 바구니를 전해야 해.

3 달그락! 시끄러운 장난감
'그래거'라는 장난감을 갖고 노는 것도 재미있어! 부림절에는 구약 성경 에스더서를 큰 소리로 낭독하는데, 악당 하만의 이름이 나올 때마다 그래거로 시끄러운 소리를 내서 그 이름을 지워.

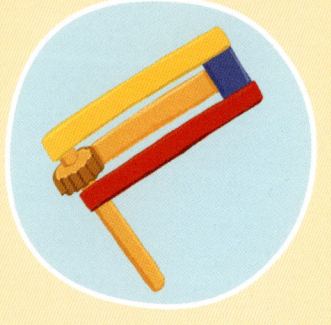

4 가난한 이웃에게 손 내밀기
부림절에는 누구든 도움이 필요한 사람에게 손을 내밀 의무가 있어. 그 사람이 진짜 어려움을 겪고 있는지 아닌지 확인하지 않고 무조건 베푸는 거야. 적어도 두 명의 가난한 이웃을 도와주어야 해.

9 동전 넣기

오랜 옛날 이스라엘에 예루살렘 성전이 있을 때는 성전을 유지하기 위해 신자들이 '반 세겔'이라고 불리는 돈을 헌금 상자에 넣었어. 성전은 예배하기 위해 세운 교회야. 오늘날에도 우리는 유대교의 예배 장소인 시너고그에 모여 에스더서를 읽을 때나 그 전날에 헌금 상자에다 동전을 넣어.

8 부림절에 채식을 하는 이유

에스더 왕비는 자신이 유대인 출신이라는 사실이 드러나지 않도록 왕궁에서 고기를 전혀 먹지 않았다고 해. 따라서 에스더 왕비의 행동을 기리고자 부림절에 고기를 전혀 먹지 않는 사람들도 있어. 잔칫상에 생선 요리만 올리는 거지.

7 에스더서에 담긴 이야기

부림절은 페르시아의 유대인들이 하만으로부터 목숨을 구한 걸 기념하는 날이야. 하만은 모르드개가 자기에게 절하지 않은 것을 트집 잡으며 유대인들을 죽이려고 했어. 하지만 유대인 출신의 현명한 에스더 왕비가 왕을 설득하여 유대인들을 구하고 하만은 처형되었지. 이 이야기는 구약 성경의 한 권인 에스더서에 담겨 있어.

6 맛있는 음식을 먹으며 즐기는 명절!

부림절에는 고기와 술과 온갖 음식이 푸짐하게 차려진 잔치가 열리곤 해. 평소에 경건하게 지내는 사람들도 부림절만큼은 먹고 마시고 춤추고 노래하면서 신나게 즐기지. 에스더서에 나오는 이야기로 재미있는 연극 공연이 열리기도 해.

5 화려한 가장행렬

부림절은 어린이가 멋진 옷을 차려입을 좋은 기회야! 남자아이들은 모르드개처럼, 여자아이들은 에스더 왕비처럼 가장 멋지고 아름답게 입고 싶어 하지. 모두 멋지게 꾸미고 행진하는 가장행렬이 시작되면, 모르드개와 에스더 왕비뿐만 아니라 온갖 다양한 의상을 입은 사람들을 만날 수 있어.

러시아의 부활절, 파스하

흐리스토스 보스크레스! 안녕? 내 이름은 **타냐**야. 나랑 같이 러시아의 부활절 파스하를 알아볼래? 러시아 사람들이 가장 많이 믿는 종교는 '러시아 정교회'라는 기독교야. 러시아 정교회 신자들에게 부활절은 새로운 삶을 상징하는 날로, 1년 중 가장 중요해. 부활절은 예수의 부활을 기념하는 날이지. 우리는 부활절 일요일이 올 때까지 일주일 동안 기념하지. 러시아의 부활절은 다른 나라보다 날짜가 조금 늦어. 대부분의 나라에서 따르는 달력인 그레고리력과 달리 러시아 정교회에서는 율리우스력에 따라 기념일을 정하거든.

10 부활절에 먹는 양고기
희생을 뜻하는 양고기도 부활절을 상징하는 음식이야. 우리 집은 부활절마다 양고기구이를 먹어.

1 친구도 만나고, 친척도 만나고!
부활절이 있는 일주일 동안 우리는 여러 친구와 친척을 만나고 서로서로 부활절 선물을 주고받아. 신나는 명절이야!

2 달콤한 쿨리치 빵
난 부활절에 먹는 쿨리치 빵을 정말 좋아해. 건포도랑 견과류랑 달걀을 넣은 동그랗고 달콤한 빵이지. 우리는 쿨리치 빵과 부활절 이름을 딴 파스하 케이크를 교회에 가져가서 축복을 받고, 다시 집에 가져와서 나눠 먹어.

3 알록달록 달걀 물들이기
토요일에는 달걀을 색색으로 물들여. 만드는 재미도 있지만, 뜻깊은 전통이기도 하거든. 달걀 색마다 여러 가지 뜻이 담겨 있어. 양파 껍질을 넣은 물에 달걀을 삶아서 울긋불긋 멋진 무늬를 만들기도 해.

4 뎅! 교회 종 울리기
부활절 일주일 동안 누구나 교회에 가서 종을 울릴 수 있어. 예수의 부활을 축하하는 뜻이 담겨 있지. 집에서도 종을 울리곤 해.

교회에 모이기

9 달걀 나눠 먹기

부활절에는 온 가족이 식탁에 모여 앉아 달걀을 자르는 전통이 있어. 앉아 있는 사람들 수만큼 조각을 잘라서 모든 사람이 한 조각씩 나눠 먹어야 해.

8 흐리스토스 보스크레스!

내가 처음에 했던 인사말 기억해? 흐리스토스 보스크레스! 이 말은 "예수 그리스도가 부활하셨습니다!"라는 뜻을 지닌 부활절 전통 인사말이야. 누군가 내게 이렇게 인사하면 나는 "보이스치누 보스크레스!"라고 대답해. "정말 부활하셨습니다!"라는 뜻이지.

7 러시아 정교회

부활절에 교회에 가는 건 매우 중요해. 토요일에는 신부님이 부활절 달걀과 여러 음식에 성수를 뿌려 축복해 주지. 성수는 교회 의식 때 사용하는 성스러운 물이야. 일요일에는 친구를 만나러 가서 서로 볼에 입맞춤을 세 번 하면서 인사를 나눠.

나는 타냐야.

6 달걀을 굴려라!

언덕 아래로 달걀 굴리기 놀이는 진짜 재미있어! 달걀을 굴려서 언덕 아래에 가장 먼저 도착하면 이기는 거야. 올해에는 우리 오빠가 우승해서 메달을 받았어. 최고야!

5 부활절 대표 음식 파스하 케이크

부활절 상차림에 파스하 케이크는 필수야. 우리는 부활절을 파스하라고 하는데 케이크에 그 이름이 붙은 것만 봐도 부활절 대표 음식이라는 것을 알 수 있어. 파스하는 치즈로 만든 피라미드 모양 케이크에 알파벳 'ХВ'가 새겨져 있어. 'ХВ'는 '흐리스토스 보스크레스'라는 부활절 인사말의 약자야. 미사가 끝난 뒤에 먹는 식사는 사순절 40일 동안의 금식 기간이 끝나는 자리라 무척 기다려지지.

인도의 힌두교 축제, 쿰브 멜라

나마스테. 안녕. 인도의 쿰브 멜라 축제에 온 걸 환영해! 내 이름은 **키얀**이야. 내가 가이드가 되어 안내해 줄게. 우리 축제는 수천만 명이 모여드는, 세상에서 가장 큰 규모의 종교 행사라 길을 잃기 쉽거든. 쿰브 멜라는 신들이 악마들을 물리친 일을 기리는 힌두교 축제야. 힌두교는 우리가 믿는 종교지. 우리는 쿰브 멜라 축제에서 갠지스강을 비롯한 몇몇 큰 강에 몸을 담그며 죄를 씻어 내.

10 위성 사진에도 보이는 축제 인파!
쿰브 멜라에는 어마어마하게 많은 사람이 모여들어. 우주에서 찍은 위성 사진에도 엄청난 인파가 보일 정도야!

1 놀라운 수행자 행렬
우리는 강에 들어가기 전에 먼저 힌두교 수행자들이 정해진 순서대로 줄지어 강에 들어가는 것을 지켜봐. 수행자는 힌두교 신자를 이끄는 스승이라고 생각하면 돼. 수행자들이 모두 강에 들어가면 일반 신자들도 강에 들어갈 수 있어.

2 전 세계적으로 유명한 축제
저 뒤에 끝없이 이어지는 천막촌을 봐! 정말 대단하지? 쿰브 멜라는 인도의 네 군데 성지에서 3년에 한 번씩 번갈아 가며 열려. 각 성지에서는 12년에 한 번 열리지. 전 세계에서 수많은 사람이 모여드는데, 2013년에는 144년에 한 번 돌아오는 큰 규모의 쿰브 멜라 축제인 '마하 쿰브 멜라'가 열려서 무려 1억 명 넘는 순례자가 한곳에 모였어.

점토 항아리 · 천막촌 · 반가워, 나는 키얀이야.

3 촛불아, 행운을 가져다줘!
강물에 띄운 촛불이 정말 아름답지? 우리는 밤이 되면 종이 잔에 촛불을 밝혀 강물에 띄워 보내면서 행운을 빌어.

9 우리의 스승, 사두

인도에는 사두라는 힌두교 수행자들이 있어. 주황색 옷을 입고 욕망을 억누르며 살아가는 사람들로, 몸에 재를 바르거나 벌거벗고 다녀. 사두는 힌두교 신자를 이끄는 정신적인 스승으로, 가장 먼저 강에 들어가 몸을 씻지.

8 신성한 소

힌두교에서는 소를 신성한 동물로 여겨. 그래서 소고기도 절대로 먹지 않아. 소에게도 아름다운 옷을 입히고 함께 축제를 즐기지!

7 목욕에 담긴 의미

쿰브 멜라에서 가장 큰 행사는 바로 강에 들어가 몸을 씻는 목욕 의식이야. 힌두교 신자들은 모두 성스러운 강에 몸을 담가 죄를 씻어 내야 해. 그래야 앞으로 더 나은 삶을 살 수 있어. 으윽, 물이 너무 차가워!

목욕 의식

6 만디르 사원

저 멀리 알록달록한 건물이 보이지? 바로 힌두교 사원 만디르야.

4 신나는 노래와 춤

이렇게 수많은 사람이 한자리에 모이면 떠들썩하고 유쾌한 분위기가 이어져. 축제를 즐기는 데 노래가 빠질 수 없겠지? 난 노래를 부르면서 춤도 추곤 해.

5 항아리 축제

쿰브 멜라는 '항아리 축제'라는 뜻이야. '쿰바'라는 점토 항아리는 영원히 사는 영생을 뜻해. 힌두교 신화에 따르면 이 항아리 안에 영원히 살 수 있게 해 주는 신비로운 약이 들어 있대. 신화에서 신들과 악마들은 쿰바 항아리를 차지하기 위해 쫓고 쫓겼어. 그러는 사이에 항아리 속 신비로운 약이 네 방울 떨어졌지. 이 약이 떨어진 네 지역에서 오늘날 쿰브 멜라가 열리는 거야.

17

싱가포르의 석가 탄신일, 베삭

웨이 사이 지에 쿠아일러! 행복한 베삭 날이야!
난 싱가포르에 사는 **니마**야. 우리는 베삭이라는 불교 명절을 가장 크고 중요한 명절로 여겨. 우리 싱가포르와 남아시아 여러 나라에서는 부처의 삶에서 중요한 세 가지 사건인 탄생과 깨달음, 죽음이 모두 음력 4월 보름날에 일어났다고 전해져. 그래서 음력 4월 보름날에 베삭 명절을 기념하는 거야. 한국을 비롯한 동아시아의 석가 탄신일, 즉 부처님 오신 날과 비슷하지. 베삭은 즐거움과 빛 그리고 남을 사랑하고 베푸는 자비로운 마음과 관련이 있어.

9 어려운 사람 도와주기
우리는 베삭에 모든 사람이 함께 행복하기를 바라. 그래서 명절을 편히 즐기기 어려운 사람들에게 도움의 손길을 내밀어.

1 알록달록 불교기
절 입구에 걸어 둔 알록달록한 오색 깃발은 바로 불교기야. 전 세계 불교 신자들이 함께 쓰는 깃발이지. 다섯 가지 색깔에는 특별한 뜻이 담겨 있어. 부처의 깨달음과 불교 신자들이 따라야 할 가르침을 나타내.

2 욕심을 버리고 남에게 베풀라!
베삭에 우리는 절에 가서 스님들이 외운 부처의 말씀에 귀를 기울이곤 해. 부처의 말씀에는 욕심을 버리고, 남을 깊이 생각하고, 베풀라는 가르침이 담겨 있어.

3 꽃과 초와 향을 놓는 의미
불교 신자들은 꽃과 초, 향을 가져와서 불상 아래에 바쳐. 초와 향은 타서 없어지고 꽃은 시들어 버리는 모습을 통해 모든 것은 결국 사라진다는 것을 나타내.

8 촛불 행진

밤이 되어 어두워지면 우리는 부모님과 촛불 행진에 참여해. 내가 축제에서 가장 좋아하는 순간이야. 저마다 촛불을 하나씩 손에 들고 천천히 걸어가는 행렬은 정말 멋진 장관을 이뤄.

7 모든 생명에게 자유를!

베삭 때는 억압받는 생명을 구하고 살린다는 뜻으로 사람들에게 잡혀 있는 새나 물고기, 짐승을 풀어 주는 전통이 있어. 난 이 전통이 무척 마음에 들어.

6 고기 먹지 않기

베삭에 우리는 채식을 해. 고기는 생명을 죽여서만 얻을 수 있으니까, 이날만이라도 고기를 먹지 않는 거지. 고기 말고도 맛있는 음식이 많아.

5 아기 불상에 물을 끼얹자!

베삭에 부모님은 우리를 절에 데려가. 절에는 물이 담긴 받침대 위에 서 있는 아기 불상이 있어. 신자들은 아기 불상에 물을 끼얹으면서 업보를 씻어 내지.

4 어두운 세계를 비추는 연등

연꽃이 정말 아름답지? 진짜 연꽃이 아니라 연꽃 모양 등불인 연등이야. 연등은 무지로 가득 찬 어두운 세계를 부처의 지혜로 밝게 비춘다는 뜻을 담고 있어. 무지란 아는 것이 없음을 말해.

내가 바로 니마야.

페루의 태양 축제, 인티 라이미

올라! 안녕! 나는 **카를로스**라고 해. 지금 페루는 6월이고 태양 축제 인티 라이미가 한창이지. 인티 라이미는 13세기에 페루에 세워진 잉카 제국 시대의 중요한 행사였어. 하지만 16세기에 스페인의 지배를 받으면서 오랫동안 금지되었어. 400여 년 만인 1944년에야 다시 시작되었는데, 옛날 역사가가 남긴 기록 덕분에 잊혔던 옛 축제를 고스란히 되살릴 수 있었지. 인티 라이미는 페루의 동지 무렵인 6월 24일부터 9일 동안 이어져. 민속 공연과 갖가지 전통 의상을 뽐내는 가장행렬은 정말 화려하고 대단해서 전 세계 관광객들이 구경하러 와!

1. 삭사이와만 유적에서 열리는 축제

인티 라이미는 잉카 제국의 수도였던 쿠스코에서 열려. 쿠스코 북쪽 언덕에는 지금은 폐허가 된 '삭사이와만'이라는 돌무더기 유적이 남아 있어. 이 널찍한 공간에서 열리는 축제에 수많은 사람이 모여들어 환호를 보내지.

2. 해가 가장 짧은 동짓날

인티 라이미는 6월 24일에 열리는데, 이날은 남반구의 동지 무렵이야. 동지는 1년 중 해가 가장 짧은 날로, 잉카 제국에서는 이날부터 새해가 시작되었어. 과거에는 태양신 인티를 섬기는 의미로 동짓날인 6월 21일이나 22일에 축제를 열었지만, 지금은 세례 요한이 태어난 6월 24일에 열어. 태양 축제와 세례 요한의 탄생을 함께 기념하는 거지.

삭사이와만 유적

3. 불쌍한 라마!

잉카 제국 시대에는 인티 라이미 축제 때 황제가 라마의 배를 갈라 심장을 꺼내고, 하늘 높이 치켜드는 의식을 치렀어. 요즘은 관광객 눈에 띄지 않는 곳에서 이 의식을 한대. 불쌍한 라마!

안녕! 나는 카를로스야.

9 황후도 함께!

황제가 있던 시절에는 당연히 황후도 함께 나라를 다스렸어. 따라서 축제 행렬에도 황제와 황후가 나란히 가마에 탄 채 이동해.

8 잉카 제국 황제

축제 행렬에서는 잉카 제국의 황제로 분장한 배우를 영광스러운 자리에 앉혀 가마를 태워. 황제는 행렬을 이끌면서 태양신 인티에게 기도를 드려.

7 나뭇잎아, 운명을 알려 줘!

인티 라이미에서는 '코카'라는 식물의 잎으로 나라의 운명을 점치곤 해. 우리는 코카 잎을 신성하게 여기거든. 춤만큼이나 중요한 축제 의식이야.

6 멋진 무용수들

음악에 맞추어 춤추고 노래하며 행진하는 무용수들을 보는 건 가장 큰 즐거움이야. 무용수들이 입은 화려한 전통 의상에 눈길을 빼앗길 수밖에 없지!

5 다양한 가면과 축제 의상

축제 행렬에는 무척 다양한 가면과 의상이 등장해. 난 무용수들을 이끄는 사람이 쓰는 알록달록한 '아야 우마' 가면을 가장 좋아해.

4 서로서로 음식 나누기

축제 기간에 우리는 함께 모여 음식을 나누어 먹어. 조상들이 축제 때 여러 지역에서 모여들어 다양한 지방의 음식을 함께 나누어 먹은 것처럼, 우리도 그들을 기억하며 음식을 나누지.

라마

21

인도네시아의 설탕 축제, 이드 알피트르

셀라맛 이둘 피트리! 라마단이 성공적으로 끝났어! 안녕, 내 이름은 **파티마**야. 인도네시아에 온 걸 환영해. 우리 모슬렘, 그러니까 이슬람교 신자들은 이슬람 달력으로 9월 한 달 동안 라마단 금식 기간을 보내. 해가 떠 있는 동안 음식을 먹지 않는 거지. 그리고 10월 첫날부터 설탕 축제 이드 알피트르가 시작돼. 우리는 가족들과 모여 풍성한 식사를 즐기고, 3일 동안 신나고 떠들썩하게 놀지. 하지만 축제 기간에도 잊지 않고 기도를 드려야 하고, 어려운 사람들을 도와야 해. 나와 내 친구들은 이드 알피트르를 정말 좋아해. 달콤한 사탕과 과자가 넘쳐 나고, 저녁에는 화려한 불꽃놀이가 열리거든!

9 모스크에 가서 기도 드리기
우리는 이슬람교 예배당인 모스크에 가서 알라신에게 기도를 드려. 특히 축제 때는 특별한 기도를 드리지.

1 오늘만큼은 다른 길로!
우리는 기도를 하러 이슬람교 예배당인 모스크에 가. 하지만 축제 날만큼은 평소와 다른 길로 오는 전통이 있어.

2 밤하늘을 수놓은 불꽃놀이
이드 알피트르는 나라에서 정한 공휴일이야. 그래서 여러 도시에서 불꽃놀이로 축제를 기념하기도 해. 아이들이 가장 좋아하는 행사지!

3 모든 사람이 즐길 수 있도록
라마단 금식 기간이 끝나기 직전에 우리는 쌀과 대추, 곡물, 옥수수, 건포도 같은 음식을 자선 단체나 가난한 사람들에게 나눠 주곤 해. 모든 사람이 함께 축제를 즐길 수 있도록 미리 베푸는 거지.

어려운 사람에게 음식 나눠 주기

나야, 파티마!

8 선물 주세요!

이드 알피트르 기간에 나와 내 친구들은 이웃집을 돌아다니며 노래를 부르고 사탕 같은 간식을 받아. 부모님에게는 작은 선물이나 색 봉투에 담긴 용돈을 받기도 하지.

7 신나는 춤과 노래

축제는 정말 신이 나. 즐길 거리도 많고, 온 거리가 춤과 노래로 떠들썩하지. 먹을거리도 풍부하고. 같이 축제를 즐겨 보자!

모스크

6 달콤한 음식이 한가득

우리 축제가 괜히 설탕 축제라고 불리는 게 아니야! 이날 하루는 온종일 사탕과 과자, 젤리, 단맛 나는 국수 같은 달콤한 음식을 먹어.

5 풍성한 저녁 만찬

한 달 동안 금식하고 난 뒤 처음 먹는 저녁 만찬이라니! 얼마나 기대되는지 몰라. 우리는 10월 첫날 아침에 기도를 마친 다음 아주 간단한 식사만 해. 풍성한 저녁 만찬을 즐기기 위해서지. 우리는 친구 집과 친척 집에 찾아가서 건강하게 잘 지내길 바라며, 알라신의 축복을 빌어. 알라신은 이슬람교에서 믿는 신이야.

4 새 옷을 입자!

엄마가 새 옷을 사 주셨어. 우리는 이드 알피트르에 새 옷을 멋지게 차려입고 집도 아름답게 장식해. 어때, 멋지지?

23

이슬람의 희생 축제, 이드 알아드하

이드 무바라크! 축제에 온 걸 환영해! 나는 **무함마드**라고 해. 우리는 모스크 옆 광장에 모여 있어. 여기서 우리 이슬람교 신자들은 희생 축제라는 뜻의 이드 알아드하 기간 동안 기도를 드려. 이드 알아드하는 이슬람 달력으로 마지막 달 10일에 열려. 이슬람교를 만든 예언자 무함마드의 제안으로 시작된 축제지. 내 이름도 그의 이름을 따 왔어. 이드 알아드하 기간 동안 세계 아랍인들은 우리의 조상 이브라힘의 신앙심과 헌신에 관한 이야기를 기억하곤 해.

9 성지 순례

일생에 한 번 예언자 무함마드가 태어난 곳인 메카를 순례하는 것은 모든 이슬람교 신자의 의무야. 순례란 신성하게 여기는 지역인 성지를 찾아가 기도를 드리고 신을 기리는 거야. 해마다 수백만 명이 메카로 떠나. 이들의 순례 여행길은 이드 알아드하 축제 때 끝이 나지.

1 이브라힘 이야기

난 할아버지한테서 이브라힘 이야기를 듣고 배웠어. 이브라힘은 알라신에게 헌신하고자 아들을 제물로 바치기로 마음먹었대. 하지만 결국 아들 대신 양 한 마리를 제물로 바쳤지. 이 이야기는 사람의 희생이 금지되어 있다는 것을 일깨워 줘.

2 세 등분으로 나눈 고기

우리는 축제 때 고기를 구해. 그리고 구한 고기를 셋으로 나누어. 하나는 가난하고 먹을 것이 부족한 이들에게, 또 하나는 친구들에게 나눠 주지. 나머지 하나는 가족과 사랑하는 사람들이 다 같이 모이는 축제 만찬 때 먹어.

안녕, 내 이름은 무함마드야.

3 공부도 일도 멈춰!

축제 기간에는 대부분 학교나 직장에 가지 않아. 우리는 넉넉한 시간을 갖고 축제를 준비하고, 기도를 드리고, 친구와 친척을 만나지.

8 북적북적한 모스크 광장

이드 알아드하에는 기도를 드리는 게 가장 중요한 행사야. 아빠와 나는 이슬람교 예배당인 모스크에 가서 기도해. 모스크에 들어가기 전에 카펫을 깔고 신발을 벗은 다음 다른 사람들과 함께 기도를 드리지.

7 몸을 깨끗하게

축제 기간 동안 우리는 몸을 아주 깨끗하게 유지해야 해. 그래서 새 옷도 차려입지.

6 쪽! 손에 입 맞추기

이드 알아드하 기간 동안 여러 친구와 친척을 만나러 간다고 했지? 이슬람교 신자가 아니어도 상관없어. 그리고 할머니와 할아버지들을 만나면 손에 입맞춤하는 게 전통이야.

모스크

기도하는 사람들

5 기억하고 추억하기

이드 알아드하는 돌아가신 조상들을 기리는 날이기도 해. 우리는 가족 묘지에 찾아가서 조상들을 기억하고 추억하지.

4 모든 사람에게 양고기를!

저기 양들을 가득 태운 트럭 보이지? 바로 양고기를 얻기 위해 도축장으로 가는 트럭이야. 부유한 사람들은 양 여러 마리를 사서 도축할 의무가 있어. 모든 사람에게 양고기를 나눠 주어 다 같이 축제를 즐길 수 있게 하는 거야.

25

인도의 빛의 축제, 디왈리

슈브 디파발리! 행복한 디왈리가 되길! 안녕? 난 인도에 사는 **산비**야. 인도에서 가장 중요한 축제인 디왈리에 함께해 볼래? 디왈리는 10월 말에서 11월 초 사이에 5일 동안 열려. 디왈리는 빛의 축제라고도 해. 축제 기간이면 모든 곳에 빛을 환히 밝혀 두거든. 디왈리에 얽힌 몇 가지 신화와 이야기가 전해 내려오는데, 모두 선이 악을 이기는 내용이야. 우리는 5일 동안 집 안팎을 화려하게 꾸미고 알록달록한 옷을 입고, 가족과 친구들을 만나. 아이들은 디왈리에 받을 작은 선물을 기대하면서 더더욱 신이 나지!

9 인사 카드 보내기
디왈리에는 친구나 친척에게 엽서나 카드를 보내서 인사를 나누는 전통이 있어. 나도 친구에게 카드를 쓸 거야!

1 화려한 꽃 장식
디왈리에 우리는 알록달록한 전통 의상을 차려입어. 그리고 화려한 꽃 장식을 만들어서 집을 예쁘게 꾸며.

2 아름다운 멜라 장터
디왈리 기간이면 인도 곳곳에 멜라 장터가 열려. 우리는 장터에 가서 재미난 놀이도 하고 축제에 필요한 물건을 사기도 해. 장터는 널찍한 공원에서 열리는데, 온갖 화려한 등불로 장식되어 정말 아름다워.

디야 램프

3 집을 깨끗하게!
축제가 시작되기 전에 우리는 집 안 구석구석을 샅샅이 쓸고 닦고 고친 다음 아름답게 장식해. 그런 다음 문과 창문을 활짝 열고 집 안팎에 등불을 밝혀. 힌두교 신화에 나오는 락슈미 여신이 가장 깨끗한 집에 먼저 찾아와 축복을 내려 준다고 믿거든.

8 달콤한 간식 선물

디왈리 기간에 친구나 친척들을 만나면 달콤한 간식이나 말린 과일 같은 작은 선물을 줘. 그게 예의야.

7 랑골리

디왈리에는 집 마당이나 거실 바닥을 색색의 쌀가루나 모래로 꾸며. 이 장식을 랑골리라고 해. 랑골리는 보통 아름답고 화려한 전통 무늬로 만들어. 이 의식은 집에 찾아오는 신들을 환영하면서 우리에게 행운이 오기를 바라는 거야.

6 하늘을 밝히는 불꽃놀이

오늘날에는 디야 램프뿐만 아니라 불꽃놀이로도 불을 밝혀. 불꽃놀이를 구경하면서 달콤한 간식을 먹는 것보다 즐거운 일이 또 있을까?

내가 바로 산비야!

랑골리

5 락슈미 여신

재물과 행운을 가져다준다는 락슈미 여신은 디왈리 기간에만 땅으로 내려온다고 전해져. 락슈미 여신이 길을 잘 찾을 수 있도록 불을 잘 밝혀 두면, 한 해 동안 어떤 어려움도 겪지 않을 거야. 우리는 작은 크기의 락슈미 여신상을 들고 거리 행진에 참여하기도 해.

4 환히 빛나는 디야 램프

디왈리에는 전통적으로 점토로 만든 작은 기름등잔인 디야 램프에 불을 밝혀. 디야 램프는 선이 악을 이긴 것과 우리 마음 안의 환한 빛을 나타내지. 힌두교 신화에 따르면 빛이 악마를 내쫓는다고 하거든. 또 락슈미 여신을 맞이하기 위해 불을 밝히기도 해.

멕시코의 죽은 자들의 날, 디아 데 무에르토스

올라! 안녕. 난 멕시코의 **후안**이라고 해. 지금부터 멕시코의 축제 죽은 자들의 날, 디아 데 무에르토스를 소개할게. 이날은 우리 멕시코 사람들이 돌아가신 조상을 기리는 날이야. 우리는 11월 1일에서 2일 사이에 세상을 떠난 영혼이 잠시 우리 곁으로 온다고 믿어. 할러윈 축제와 날짜나 의미가 비슷하지만 나는 우리 축제가 훨씬 더 화려하고 신명 난다고 생각해. 죽은 자들의 날은 거의 3천 년 전부터 이어 온 전통에 뿌리를 두고 있어. 멕시코가 스페인의 식민지 지배를 받을 때 들어온 로마 가톨릭교가 우리 축제를 없애려고 했지만 실패했지. 죽은 자들의 날은 기독교 문화와 식민지 이전에 있었던 아즈텍 문화가 두루 섞여 있어.

9 종이 장식 파펠 피카도

거리와 집에 있는 제단에는 고운 종이를 오려 만든 장식을 걸기도 해. '파펠 피카도'라는 멕시코 전통 종이 공예로 새나 꽃, 해골 모양을 만들어 이곳저곳에 장식하지.

1 관 속에 시체가?

죽은 자들의 날 축제에는 반드시 시체처럼 꾸미고 관 속에 누워 있는 사람이 있어. 관 속의 시체 역할을 하는 사람은 거리를 지나가는 사람들이 던지는 선물과 꽃을 잡아채려고 하지.

2 오프렌다

오프렌다는 '바친다'라는 뜻으로, 길거리에 만들어 둔 제단을 가리켜. 집에도 세상을 떠난 조상에게 바치는 오프렌다를 두지. 우리는 조상이 좋아했던 물건과 조상의 사진, 꽃과 양초를 제단에 놓아. 그리고 오프렌다 앞에서 돌아가신 분을 추억하며 재미난 이야기를 나누고, 조상이 좋아했던 음식을 나누어 먹지.

반가워, 난 후안이야!

3 알록달록한 해골이라니!

죽은 자들의 날에는 온 동네에 해골이 돌아다녀! 우리 가족도 나무로 해골과 뼈 모양을 만들어 집에 장식해 두었어. 이런 해골과 뼈 모양 장식을 '칼라카'라고 해. 알록달록 아름답게 꾸미는 재미가 있지. 거리에서는 해골들이 악기를 들고 있는 모습을 자주 볼 수 있어. 해골이라면 어쩐지 으스스할 것 같지만 전혀 그렇지 않아. 무척 웃기고 재미있어!

8 멕시코 금잔화

죽은 자들의 날에는 모든 무덤과 제단, 가면을 '셈파수칠'이라는 멕시코 꽃 금잔화로 장식해. 주황색의 화려한 꽃이 축제 분위기를 더욱 화사하게 만들어 주지.

7 재미있는 가장행렬!

모두 해골 모습으로 꾸민 가장행렬 속에서 날 찾을 수 있겠니? 이날 거리 행진에는 해골과 유령이 가득해. 그래도 분위기는 전혀 무섭지 않아. 무척 신나고 떠들썩하고 아름답지! 죽은 자들의 날에 이렇게 유쾌한 행진을 하는 이유는 죽음도 삶의 일부라고 생각하기 때문이야.

칼라카

6 죽은 자들의 빵

죽은 자들의 날에만 특별히 만들어 먹는 '판 데 무에르토'라는 달콤한 빵이 있어. 죽은 자들의 빵이라는 뜻이지. 여러 가게에서 팔지만, 우리 엄마가 만든 게 가장 맛있어!

← 가장행렬

5 묘지 꾸미기

낮에 우리는 조상들의 묘지에 가서 교회 종소리를 들으며 무덤을 돌보고 꾸며. 그리고 축제를 즐기다가 저녁에 다시 묘지로 돌아와서 가족끼리 소풍을 즐기지. 기도를 드리고 노래도 하고 이야기도 나눠.

4 산더미처럼 쌓인 해골 과자

축제 때면 발길이 닿는 곳마다 달콤한 먹을거리가 넘쳐 나. 해골이나 뼈 모양으로 만든 과자 '알페니케'나 아몬드 가루로 만든 과자 '마르지판' 그리고 초콜릿과 사탕 등이 산더미처럼 쌓여 있어.

아일랜드의 분장 축제, 핼러윈

해피 핼러윈! 즐거운 핼러윈이야! 난 아일랜드에 사는 **케이틀린**이라고 해. 오늘날 세계 여러 나라 사람들이 즐기는 핼러윈은 우리 아일랜드의 고대 켈트 전통에서 시작되었어. 고대 켈트 사람들은 10월 31일에 죽은 자들의 영혼이 땅에 돌아온다고 믿었어. 그래서 그 유령들을 쫓아 버리기 위해 저마다 이상한 옷을 차려입고 촛불과 등불을 밝혔지. 오늘날에는 그저 재미로 축제를 즐기지만, 여전히 고대 전통의 많은 부분이 남아 있어!

9 행운의 음식 콜캐넌

우리는 핼러윈에 '콜캐넌'이라는 전통 음식을 만들어 먹어. 으깬 감자와 양배추로 만든 간단한 요리야. 요리 안에는 행운을 가져다주는 동전을 숨겨 둬. 부디 내가 동전을 찾을 수 있도록 빌어 줘!

1 과자 안 주면 장난칠 거야!

핼러윈에 가장 기대되는 일은 이웃집을 돌아다니면서 사탕과 과자를 얻는 놀이야. 나 같은 어린이들은 집집마다 문을 두드리면서 "과자를 안 주면 장난칠 거예요!"라고 외치고 다니지. 그래서 어른들은 우리에게 줄 간식을 미리 준비해 둬.

2 오싹오싹 귀신 이야기

핼러윈에 웃을 일만 있어서는 안 되겠지? 으스스하고 무서운 것도 핼러윈의 특징이니까! 우리는 핼러윈에 무시무시하게 집을 꾸미고 괴상한 옷을 차려입어. 그리고 귀신 이야기를 하지. 귀신 이야기를 빼놓으면 안 돼!

3 영혼의 케이크

달콤한 간식이 축제에 빠져서는 안 되겠지? 우리는 이웃집에서 얻어 오는 사탕과 과자뿐만 아니라, 집에서 '소울 케이크'를 구워 먹기도 해. '영혼의 케이크'라는 뜻의 소울 케이크는 동그랗고 작은 빵에 건포도로 십자가 모양을 만든 거야.

나야, 케이틀린!

8 검은 고양이의 비밀

핼러윈에는 호박 장식만 있는 게 아니야. 우리는 집 안 곳곳에 해골이나 거미, 검은 고양이 모양 장식을 둬. 웬 검은 고양이냐고? 우리는 검은 고양이가 마녀와 가깝게 지낸다고 여기거든.

7 모닥불의 의미

아일랜드에서는 핼러윈에 모닥불을 자주 피워. 악령이나 불운을 물리치기 위해 오래전부터 모닥불을 피웠지. 모닥불과 관련해서는 이런 이야기도 있어. 머리카락 한 올을 모닥불에 던져 넣으면 불꽃 사이로 진정한 사랑의 대상이 보인대! 나의 진정한 사랑은 누굴까? 아, 집에서는 벽난로에다 불을 피우곤 해.

6 아일랜드 문화

핼러윈은 미국에서도 중요한 축제야. 어떻게 미국의 중요한 축제가 되었냐고? 19세기에 수많은 아일랜드 사람이 감자 기근에 시달리다 미국으로 이민을 갔어. 그러면서 핼러윈 같은 아일랜드 문화도 같이 전해졌지. 감자 기근은 당시 아일랜드의 유일한 식량이었던 감자에 병이 들어서, 수많은 사람이 굶주린 일이야.

5 호박 등불 잭오랜턴

잭오랜턴은 속을 파내고 눈 코 입을 만든 호박 안에 촛불을 넣어 만든 등불이야. '잭'은 옛날 아일랜드 전설에 나오는 욕심쟁이 이름에서 따왔어. 잭은 악마를 속여서 지옥에 가지 않기로 약속을 받았어. 하지만 죄를 많이 지어서 천국에도 못 갔지. 결국 잭의 영혼은 순무에 불씨 하나를 넣은 모양으로 온 세상을 떠돌게 되었어. 순무가 오늘날 호박으로 바뀐 거야.

4 앙! 사과 먹기 놀이

핼러윈에는 정말 재밌는 일이 가득해! 그중에 늘 웃음이 터지는 건 사과 먹기 놀이야. 사과를 줄에 매달거나 물이 담긴 양동이에 띄워 놓고, 손을 쓰지 않은 채 먹는 거지. 가장 먼저 한 입 베어 문 사람이 이겨.

미국의 추수 감사절, 땡스기빙 데이

해피 땡스기빙! 행복한 추수 감사절이야! 난 미국에 사는 **토니**야. 매년 11월 넷째 주 목요일에 돌아오는 추수 감사절을 소개해 줄게. 추수 감사절에 우리는 온 가족이 한자리에 모여. 오랜만에 만나 즐겁게 이야기를 나누고, 함께 칠면조구이를 먹어. 그리고 한 해 동안 있었던 여러 좋은 일을 떠올리며 감사하는 마음을 갖지.

9 단풍잎과 칠면조 장식
우리 집을 구경해 봐! 가족 다 함께 추수 감사절 장식으로 집을 예쁘게 꾸몄어. 단풍잎과 칠면조 장식으로 가을 느낌이 물씬 나서 아주 근사하지?

1 맛있는 호박파이
우리는 추수 감사절에 갖가지 요리가 차려진 풍성한 만찬을 즐겨. 그리고 식사를 마친 다음에는 맛있는 후식을 먹어. 우리 집에서 가장 인기 많은 추수 감사절 후식은 호박파이야. 다른 집에서는 사과파이나 피칸파이를 즐겨 먹기도 해.

2 미식축구 보기
추수 감사절에 빠질 수 없는 게 바로 미식축구야. 텔레비전으로 중요한 경기를 보면서 좋아하는 팀을 응원하지. 우리 아빠는 자신이 응원하는 미식축구 팀의 유니폼도 갖고 있어!

3 온 가족이 함께
추수 감사절 전에는 도로와 공항이 엄청나게 붐벼. 온 나라 사람들이 가족과 함께 명절을 보내려고 이동하거든. 추수 감사절 저녁 만찬 자리에 모이면 우리는 함께 기도하면서 한 해 동안 일어난 모든 좋은 일에 감사드려.

8 모두가 기념하는 날!

옛날에는 추수 감사절이 주로 사람들이 가을에 거둔 수확을 하느님께 감사드리는 종교 행사였어. 하지만 오늘날에는 종교와 상관없이 모든 사람이 추수는 물론, 한 해 동안 있었던 좋은 일에 감사하는 명절로 바뀌었지.

7 음식 나누기

추수 감사절에 우리는 명절을 맘껏 즐길 수 없는 어려운 사람들을 잊지 않으려고 해. 그래서 누구든지 무료 음식을 먹을 수 있는 급식소에 봉사 활동을 하러 가는 사람도 많아. 우리 가족도 먹을거리를 마련해서 급식소로 보내지. 우리가 보낸 음식은 트럭에 실려 무료 급식소에 간 뒤 여러 사람에게 전달돼.

칠면조 장식

6 화려한 축제 행진!

추수 감사절에는 거리에 축제 행진이 이어져. 그중에서도 대도시 뉴욕에서 열리는 '메이시스 추수 감사절 행진'이 가장 유명하지. 수많은 사람이 구경 와서 온갖 캐릭터 인형과 거대한 풍선이 지나가는 축제 행진을 보며 감탄해.

4 칠면조구이는 필수!

추수 감사절 만찬에는 여러 재료로 속을 채운 칠면조구이가 필수야! 크랜베리 소스와 으깬 감자도 필수지. 수많은 칠면조가 식탁에 오르기 때문에, 미국 대통령은 칠면조 한 마리만은 죽지 않도록 하는 칠면조 사면식 행사를 열어.

5 추수 감사절의 유래

17세기에 아메리카로 건너온 유럽 이주민은 아메리카 원주민이 준 음식을 먹고 겨우 겨울을 버텼대. 그리고 봄이 되어 원주민들에게 농사법을 배워 농사를 지었지. 가을이 되어 추수를 하자 감사하는 의미로 만찬을 열어 이주민과 원주민이 함께 즐긴 것이 추수 감사절의 유래야. 하지만 사실 유럽 이주민들은 아메리카 원주민을 탄압하고 함부로 땅을 빼앗았어. 그래서 이 이야기는 지나치게 미화되었다는 의견도 많아.

유대인의 빛의 명절, 하누카

하누카 사메아흐! 즐거운 하누카야! 난 미국에 사는 **해나**야. 하누카는 유대인, 특히 우리 같은 유대계 미국인들에게 가장 중요한 명절 가운데 하나야. 하누카는 2천 년도 더 전에 일어난 마카베오 독립 혁명과 관련이 있어. 당시 고대 이스라엘의 마지막 왕조였던 마카베오 왕조는 유대인을 강압적으로 지배한 시리아 왕에게 맞서 싸우고, 파괴된 예루살렘 성전을 되찾았어. 하누카는 그날을 기념하지. 하누카는 11월 말이나 12월에 8일 동안 이어져. 8일 내내 우리는 메노라라는 촛대에 불을 밝힌 채, 노래를 부르고 놀이를 즐기면서 함께 시간을 보내.

9 여자들은 일하지 않아

전통에 따르면 여성들은 하누카 기간에 일을 하지 않아야 해. 마카베오 독립 혁명 때 중요한 역할을 했던 여성 유디트와 해나를 기념하기 위해서지.

안녕, 내 이름은 해나야.

1 촛대 가장 가운데에 있는 샤마시 초

메노라 촛대의 초 여덟 개는 성냥으로 켜지 않아. 한가운데에 있는 샤마시 초에 먼저 불을 붙이고, 그 초로 나머지 초를 켜지. 촛불을 밝히는 일은 아름다운 가족 의식이야. 아빠가 촛불을 켜고 우리는 그 모습을 조용히 지켜봐. 아니면 온 가족이 함께 초를 켜기도 해.

2 주고받는 선물들

하누카 기간에는 사람들이 서로서로 선물을 주고받아. 아이들이 선물을 가장 많이 받지. 아이들에게 용돈을 주는 전통도 있어.

3 맛있는 젤리 도넛과 감자 쿠키!

하누카에는 기름으로 튀긴 음식을 먹어. 작은 기름등이 예루살렘 성전의 촛대에 불을 밝힌 것을 기념하기 위해서지. 그중 가장 유명한 건 '수프가니야'라는 젤리 도넛과 '라트케'라는 감자 쿠키야.

8 찬송가 부르기

우리는 하누카 기간 동안 밤마다 촛불을 켜면서 축복의 말을 해. 그런 다음 찬송가를 다 함께 부르지.

7 재미있는 팽이 놀이!

우리는 하누카에 '드레이들'이라는 팽이를 가지고 놀아. 드레이들은 네 면에 각각 히브리어 글자가 새겨진 작은 팽이야. 우리는 순서대로 팽이를 돌리고, 돌릴 때마다 동전을 걸어. 팽이가 멈췄을 때 어떤 글자가 위로 오느냐에 따라 동전을 가져가고 승패를 결정하지.

촛불 켜기

6 다윗의 별

다윗의 별은 균형과 조화를 나타내는 유대교의 상징이야. 유대인의 나라인 이스라엘 국기에도 다윗의 별이 그려져 있지. 다윗은 고대 이스라엘의 2대 왕이었어.

5 유대인이 아닌 손님도 환영해!

하누카에 우리는 유대인이 아닌 손님을 집으로 초대해서 우리의 기쁨과 빛을 함께 나눠. 모든 사람이 함께 즐겁고 기쁜 시간을 보내길 바라는 거야.

찬송가

4 초 여덟 개의 의미

8일 동안 우리는 메노라 촛대에 꽂힌 초 여덟 개에 날마다 하나씩 불을 켜. 이 촛대를 창가나 현관문 앞에 두고 기쁨이 서서히 퍼져 나가도록 하지. 이 의식은 마카베오 독립 혁명에서 승리한 뒤에 단 하나의 기름등이 8일 동안이나 타올랐던 기적을 기념하는 거야. 그 8일 동안 새로운 기름이 만들어졌고, 유대인들은 다시 예루살렘 성전을 되찾게 되었어.

파블라 하나치코바 글
포도밭으로 둘러싸인 체코 모라비아 지방의 아름다운 시골 마을에서 자란 뒤 대학에서 영문학과 중국문헌학을 공부했습니다.
지금은 출판사에서 어린이 문학 편집자로 일하면서 전 세계를 여행하기를 즐깁니다.
《펭귄은 왜 추위를 타지 않을까요?》, 《우리 집을 찾아 줘!》, 《동물들은 새끼를 어떻게 돌볼까요?》 등 여러 어린이책을 썼습니다.

헬레나 하라슈토바 글
체코 브르노에서 태어나 연극학과 영문학을 공부한 뒤 번역가이자 극작가로 일했습니다.
지금은 출판사에서 편집자로 일하면서 어린이책을 만듭니다. 여행을 떠나 새로운 장소를 만나는 일을 좋아하며,
세계 여러 지역의 축제를 찾아보기 좋아하는 딸 카테리나와 아들 요세프 덕분에 이 책을 기획하게 되었습니다.
《열어 봐, 깜깜한 밤을》, 《우리 집으로 놀러 와》 등 여러 책을 썼습니다.

미카엘라 베르마노바 그림
체코 프라하의 공연 예술 학교를 졸업하고 라덱 필라 스튜디오에서 일했습니다.
《우리 집으로 놀러 와》 등 여러 어린이책과 어린이 잡지에 그림을 그렸습니다. 어린이를 위한 여러 텔레비전 프로그램에서 일하기도 합니다.

최현경 옮김
서울대학교 아동가족학과를 졸업하고 오랫동안 출판사에서 어린이책을 만들어 왔습니다.
지금은 좋은 어린이책을 기획하고 우리말로 옮기는 일을 합니다. 그동안 옮긴 책으로 〈고양이 소녀 키티〉 시리즈와
《바나나 껍질만 쓰면 괜찮아》, 《쿠키 한 입의 행복 수업》, 《진실만 말하는 요정, 진실 픽시》 등이 있습니다.

초판 1쇄 발행 2023년 4월 28일
글쓴이 파블라 하나치코바, 헬레나 하라슈토바 | 그린이 미카엘라 베르마노바 | 옮긴이 최현경
펴낸이 홍석 | 이사 홍성우 | 편집부장 이정은 | 책임편집 조유진 | 편집 박고은 | 디자인 권영은·김연서
마케팅 이송희·한유리·이민재 | 관리 최우리·김정선·정원경·홍보람·조영행·김지혜
펴낸곳 도서출판 풀빛 | 등록 1979년 3월 6일 제2021-000055호 | 제조국 대한민국 | 사용연령 6세 이상
주소 서울특별시 강서구 양천로 583 우림블루나인 A동 21층 2110호
전화 02-363-5995(영업) 02-362-8900(편집) | 팩스 070-4275-0445
전자우편 kids@pulbit.co.kr | 홈페이지 www.pulbit.co.kr
블로그 blog.naver.com/pulbitbooks | 인스타그램 instagram.com/pulbitkids

ISBN 979-11-6172-573-4 74080 | 978-89-7474-082-5(세트)

How Kids Celebrate Holidays Around the World by Pavla Hanáčková, Helena Haraštová, Michaela Bergmannová
© Designed by B4U Publishing, 2016
member of Albatros Media Group
Author: Pavla Hanáčková, Helena Haraštová
Illustrator: Michaela Bergmannová
www.albatrosmedia.eu
All rights reserved.
Korean edition © Pulbit Publishing 2023
Translation rights are arranged with Albatros Media a.s. through AMO Agency, Korea

이 책의 한국어판 저작권은 AMO 에이전시를 통해 저작권자와 독점 계약한 도서출판 풀빛에 있습니다.
저작권법에 의해 한국 내에서 보호를 받는 저작물이므로 무단 전재와 무단 복제를 금합니다.

✽책값은 뒤표지에 표시되어 있습니다.
✽종이에 베이거나 긁히지 않도록 조심하세요. 책 모서리가 날카로우니 던지거나 떨어뜨리지 마세요.
✽파본이나 잘못된 책은 구입하신 곳에서 바꿔 드립니다.